Cover:
"Spanish Bank" (Photos by author and Kim Tomsich)

María Giovanna Tomsich

POEMARIO DE SPANISH BANK

SPANISH BANK POEMS

Order this book online at www.trafford.com/08-0557
or email orders@trafford.com

Most Trafford titles are also available at major online book retailers.

Book Design:
Sheeba Tomsich
Cliff Lemire
Jim Gusa

Note for Librarians: A cataloguing record for this book is available from Library
and Archives Canada at www.collectionscanada.ca/amicus/index-e.html

Printed on 100% recycled paper.

Printed in Victoria, BC, Canada.

ISBN: 978-1-4251-7734-8

*We at Trafford believe that it is the responsibility of us all, as both individuals
and corporations, to make choices that are environmentally and socially sound.
You, in turn, are supporting this responsible conduct each time you purchase a
Trafford book, or make use of our publishing services. To find out how you are
helping, please visit www.trafford.com/responsiblepublishing.html*

*Our mission is to efficiently provide the world's finest, most comprehensive
book publishing service, enabling every author to experience success.
To find out how to publish your book, your way, and have it available
worldwide, visit us online at www.trafford.com/10510*

www.trafford.com

North America & international
toll-free: 1 888 232 4444 (USA & Canada)
phone: 250 383 6864 ♦ fax: 250 383 6804
email: info@trafford.com

The United Kingdom & Europe
phone: +44 (0)1865 487 395 ♦ local rate: 0845 230 9601
facsimile: +44 (0)1865 481 507 ♦ email: info.uk@trafford.com

10 9 8 7 6 5 4 3 2

A los míos
To my family

Prólogo

Spanish Bank, trecho de unos cuantos kms. entre Roberts Point (en el estado de Wash. US) y Point Grey, ya Punta de Lángara, en la ciudad de Vancouver (British Columbia, Canadá) evocan las exploraciones político-científicas españolas del Pacífico, desde Acapulco hasta Mulgrave, Alaska, en 1791 y 1792, organizadas por Alejandro Malaspina (Cutter viii). Pocos topónimos quedan para testimoniar a primera vista la presencia y actividad exploratoria ibérica a lo largo de la costa de la Columbia Británica, pero si nombrar es hacer revivir, son suficientes y nos recuerdan tales viajes como elementos significativos de la herencia cultural de la provincia. He aquí el nombre en uso de algunos sitios que honran destacados marinos de esas navegaciones: Port Alberni, Isla de Quadra, Colegio Superior de Malaspina, formaciones geológicas de Malaspina en la Isla de Gabriola, Isla de Galiano, Isla de Saturnia.

Estos marinos, a parte de sus estudios y experiencia en el arte de navegar y planear hasta los pormenores de los viajes, actúan inspirados por los ideales de la ilustración. Alcanzar conocimientos por medio de observaciones de las costumbres de los nativos, facilitadas por el intercambio de rega – los, descripciones y recolección de muestras de la fauna y flora. Entre las observaciones, memorias y muestras sobresalen, aun hoy día, las etnográficas y antropológicas (Cutter 13).

Descubrimiento, rito de apropiación y subsecuente asentamiento vigían paralelos en importancia a las tareas científicas. Las actividades del establecimiento de Nootka en la Isla de Vancouver prometían éxito, sobre todo con los experimentos y aprovechado cultivo de plantas nativas e importadas de España, llevados a cabo por Pedro Alberni. En lo que atañe a la apropiación de ese asentamiento, la pátina de extremada cortesía y reiteraciones en el carteo entre el Capitán Vancouver y Don Juan F.co Bodega y Quadra no celan la frustración de éste ni la impaciencia del Capitán Vancouver a quien no interesa investigar la veracidad de las palabras del Capitán Meares que afirma haber pa – gado al jefe Macuina por el terreno de la ranchería. Palabras que no fueron transmitidas directamente al Capitán Vancouver, sino trámite un escrito del sobrecargo Duffin, compañero de Meares.

Bodega y Quadra organiza en la vivienda del capitán bostonés Magee, un grupo de testigos para oír al jefe Macuina que declara solemnemente haber donado el terreno a los españoles (Bodega y Quadra 204, 205). De nada le sirve el esfuerzo a Don Juan Francisco. Meares ya en sus días tenía fama de embustero y de hombre sin escrúpulos hasta el colmo de apropiarse y publicar como propios los descubrimientos de otro (Hill 124).

Hay que volver a Spanish Bank que en esa época se extendía más allá de Roberts Point, hacia el oeste. El primero en avistar el trecho de costa en que iba a nacer la ciudad de Vancouver fue José M.a Narváez , capitán de la goleta Santa Saturnina, acompañado por la falúa San Carlos capitaneada por José Verdía, en el verano de 1791. Estos bajeles formaban parte de una exploración del Estrecho de Juan de Fuca (Bartroli 7, 8). Práctica imprescindible

7

era registrar abras, caletas, ensenadas que se efectuaban con bajeles más ligeros.

Debido al banco de arena no pudieron abordar la costa sur del abra de Burrard para delinearla correctamente. No se dieron cuenta los españoles, ni más tarde el Capitán Vancouver que las anchas aperturas en la costa sur eran los brazos del estuario del río Fraser. En efecto Narváez creía que Point Grey era una isla (Bartroli 10).

No todas las poesías que integran este poemario se inspiran directamente en las puntas de arena que gradualmente afloran al bajar la marea, pero casi todas nacieron en mi mente al vagabundear hasta los inconstantes límites del crecer y disminuir de la marea. Todas intentan captar la intensidad de algunos momentos del vivir cotidiano, vigilia y sueño, bien sea al nivel ecológico, bien sea al psicológico y social. Sobre todo me interesa recordar las imágenes oníricas que sí son reflejos de las actividades, recuerdos, pensamientos y sentimientos de la vigilia, pero que a la vez son destellos de una visión interior compuesta por el laborío cerebral durante el sueño.

Bibliografía

Bartroli, Tomás. *Discovery of the site of Vancouver city by José M.a Narváez in 1791.* Special Collection Division. Main Library. University of British Columbia, 1986.

Bodega y Quadra de la, Juan Fr.co. *El descubrimiento del fin del mundo (1775-1792).* Alianza Editorial, Madrid, 1990.

Cutter, Donald. *Malaspina and Galiano. Spanish Voyages to the Northwest Coast: 1791 and 1792.* University of Washington Press. Seattle, 1991.

Hill, Beth. *The Remarkable World of Frances Barkley (1769-1845).*
Gray´s Publishing Limited, Sidney, B.C., 1978.

Prologue

Spanish Bank, tract of some forty Km. bet-
ween Roberts Point in the state of Wash. and Point
Grey (B.C., Canada), called by the Spaniards
Lángara Point, evoke the Spanish explorations of the
Pacific Northwest, from Acapulco to Mulgrave,
Alaska, in the years 1791 and 1792, led by Alejandro
Malaspina(Cutter viii). Few toponyms remain to
bear witness, at first sight, to the presence and
exploratory activity of the Spaniards along the B.C.
coast. If uttering names is a way of remembering
those who bore them, those names suffice and
remind us of the voyages which form part of the
cultural heritage of the province. Here are some
place names that honour some of those distinguished
navigators: Port Alberni, Quadra Island, Malaspina
College, Malaspina geological formations on
Gabriola Island, Galiano Island, Saturnia Island.

These mariners beside their studies, experience
in navigation and voyage planning to the minutest
details, were inspired by the ideals of the Enlighten-
ment: acquire knowledge observing people's customs,
facilitated by exchange of gifts, description of fauna
and flora' specimens. Among all these observations,
reports and specimens, the ethnographic and anthro-
pological ones stand out even nowadays (Cutter 13).

Discoveries, appropriation rites and sub-
sequent settlement were of course, as important as
the scientific tasks. The activity of the Nootka site
on Vancouver Island was promising, above all the
horticultural experiments with native and imported
plants carried out by Pedro Alberni. Precisely

regarding the ownership of the Nootka' settlement the veneer of refined courtesy in the correspondence between Captain Vancouver and the Commandant Bodega y Quadra do not quite conceal the latter's frustration nor the impatience of Captain Vancouver who was not at all interested in verifying the ownership of the terrain. Captain Vancouver was basing his assuredness on a letter sent to him by the naval officer Duffin, friend of Captain Meares who claimed to have paid chief Macuina for the settlement's land.

Bodega y Quadra gathers a group of distinguished officers to act as witnesses, in the living quarters of the Bostonian Captain Magee, in order to hear Macuina solemnly declare he had donated the land to the Spaniards (Bodega y Quadra 204, 205). It was a useless effort. Captain Vancouver preferred to believe Meares although even in those days Meares was reputed a liar and a totally unscrupulous individual, to the point of appropriating himself and publishing as his own, the discoveries of others (Hill 124).

It is time to go back to Spanish Bank which in those days extended beyond Roberts Point toward the west. The first in sighting the site that would later develop into the city of Vancouver was José M.a Narváez, captain of the schooner Santa Saturnina, accompanied by the longboat San Carlos commanded by José Verdía. The vessels were part of an exploration of Juan de Fuca Strait (Bartroli 7, 8). The practice of exploring inlets, coves and bays was of utmost importance and it was carried out by small vessels. Due to the sandy bank they could not approach the southern coast of Burrard Inlet to map it correctly. Neither the Spaniards nor later Captain Vancouver realized that the wide openings on the shore were the arms of Fraser River's estuary. In fact Narváez thought that Point Grey was an island (Bartroli 10).

Not all the poems in this collection are directly inspired by the sandy spits that gradually emerge as the tide recedes, but almost all of them cropped up in my mind as I was wandering toward the inconstant limits of rising and falling tides. All of the poems intend to capture the intensity of some moments of daily life, in wakefulness and sleep, be it on ecological, psychological or social matters. Above all I am interested in recalling oneiric images which are a reflection of activities, remembrances, feelings and thoughts of wakefulness, but which are at the same time an inner vision conjured up by cerebral activity during sleep.

Bibliography
See end of Prólogo

12

I

Naturaleza asediada

Nature Under Siege

Yo denuncio la conjura
de estas desiertas oficinas
que no radian las agonías,
que borran los programas de la selva,
y me ofrezco a ser comido
por las vacas estrujadas
cuando sus gritos llenan el valle
donde el Hudson se emborracha con aceite.

Federico García Lorca

I denounce the conspiracy
of those empty offices
that blot out agonies,
that cross out the programs of forests,
and I pledge to be eaten
by the butchered cows
when their lows fill the valley
where the Hudson gets
intoxicated with oil.

Desvelo

Murmullábamos en unísono. Formábamos
parte de los meandros de metales
fundidos que iban avanzando hacia el mar.
¿Eramos lava?
No nos sentíamos dañinos. No lamíamos
ni terebintos, ni pinos, ni abetos
ni lentiscos que siguen rezumando
sus aromáticas trementinas de olor
penetrante. Sinuosas espirales
forjábamos alrededor de los verdores,
de todo verdor, para que quedara
vivo en nuestro fluir hacia el mar.
Llegados al mar ¿qué daño haríamos?

Anxiety

In unison we hummed
while forming meanders of fused metals
flowing toward the sea.
Were we lava?
We didn't feel harmful.
We barely brushed
terebinths, pines, spruces, lentiscuses
which continue oozing
their aromatic resins, their fragrant
saps. Sinuous spirals we shaped
around all verdant spaces
to keep them that way, verdant verdant
while we flowed toward the sea.
Once we reached the sea,
how would we harm it?

Fósiles

Tierra y mar asolamos,
tierra, mar y eslabones que con antiguos
    océanos nos conectan.
Sajamos, rajando y partiendo la matriz,
    fósiles incrustados
en estratos de rocas sedimentarias,
frágiles amonites de nítidas espiras.
    Los venden, hostigados
por el hambre, los peones del árido Atlas
    o los por el lucro aguijoneados.

Fossils

Land and sea we raze,
land, sea and links which bind us
    to ancient oceans.
We extract, by hewing and splitting
    the matrix, fossils embedded
    in sedimentary rocks,
fragile ammonites with nitid spirals,
    sold by those goaded by hunger,
like the peasants of the arid Atlas
    or by those that greed goads.

Tersa ágata

La tersa ágata del atardecer
en lo extensos bancos reluce.
En los bancos de arena se extiende
la ilusión de claridad.
La tersa ágata del anochecer
se despliega con el bajar
de la marea: gaviotas, garzas
atentas pescan almejas,
mejillones, cangrejos, en las puntas
de arena de la baja marea.

Terse Agate

The terse agate of sundown
on the extense banks glows;
an illusion of clarity
spreads over the sand banks.
The terse agate of nightfall
unfolds with the receding tide:
seagulls and blue herons
attentive fish clams, mussels, crabs
on sandy points at low tide.

Inconsciencia

El hilo sutil de suave plata que tejían
nos hechizaba. Ni siquiera reparábamos
en que nos ataban el movimiento, paso
palabra, pensamiento.
Recia cadena rodeaba un espacio estéril
                    de verdor y voces.
Atolondrados mirábamos el devanarse
del hilo de plata que en capullos inertes
                    nos transformaba.

Unawareness

The subtle, soft silver thread
they were weaving, enthralled us.
We were not even aware
they were tying our movements
steps, words and thoughts.
    A barren space
    bereft of all verdure and voice
    was encircled by a heavy chain.
There we were, dully gazing
the unravelling of the silver thread
transforming us in inert cocoons.

Ya no

Hace un momento una estría sutil
de neblina cortaba la sierra.
El aire era obsidiana lisa,
tersa. Ya no.
La vida es un ya no sin fin.
Ya no hay selvas.
Ya no hay ríos limpios,
ni mares ricos de peces.
Quedan sólo reductos, cotos,
una acuciosa añoranza
de lo que ya no es.
 No encrespes con ardicias el agua.
 No la atosigues con letal poso.

No More

  A moment ago a thin band of mist
  was cutting the mountain; the air
  was obsidian, smooth, terse.
  No more.
  Life is an endless no more.
  No more forests, no more
  clean rivers, nor life-rich seas.
  There remain only reduced spaces
  and enclosures, an unsettling longing
  for what isn't anymore.
Don't muddle the ancient spring;
don't poison it with lethal waste.

Garabatos

Garabatos somos en la arena:
en momentos de euforia, arabescos,
garabatos, arabescos
por las mareas borrados.

Scribbles

We are scribbles on the sand:
in euphoria, arabesques,
scribbles, arabesques
by tides erased.

Edén

Un instante en el Edén, altura
majestuosa y compacta, pinar
barrera circular:
ni desvelos, ni disgustos,
ni voces de guerra deja entrar.
Tan sólo filtran las gavillas
del sol que evaporan la humedad
del verdor, címbalo movido
por brisas que orean en alto
contorno de la barrera,
un instante en el Edén.

Eden

*An instant in Eden, high
majestic, compact pine grove,
circular barrier:
no worries, no vexations,
no sounds of war are let in.
Only sheaves of sunshine
filter through and make
evaporate the moist
greenness, cymbal
swayed by breezes
in the high contour of the barrier:
an instant in Eden.*

Lamento de la naturaleza

Me malograste
el sino con el letal cinabrio
azufre y azogue.
Me emponzoñaste
lo ríos que evaporan vapores
envenenados.
Ya no se llenarán los cauces de agua
limpia. Alas y pies
me cortaste.
Tullida e inútil en una jaula
me encerraste.
Para hartar tu codicia, las semillas
me alteraste.

Nature´s Lament

You thwarted my destiny.
With lethal cinnabar:
sulphur and mercury,
you poisoned my rivers.
Venomous vapors they evaporate.
Nevermore will the riverbeds
fill with salubrious waters.
You cut my wings and feet;
flightless and lame
in a cage you enclosed me.
My crops you altered
to feed your greed.

Forsicia

El peso de la nieve te derribó.
Está derritiéndose ahora y tu frágil
ramaje muerto se ve infestado
de agallas. A través de los años
aun antes de que echaras hojas
brotabas flores amarillas,
temprano anuncio de primavera.
Tarde caímos en la cuenta
de que las agallas te drenaban
savia y energía. No fue el peso
de la nieve, fue nuestro descuido
lo que te acabó, noble y esbelta
forsicia de las oleáceas.
Tus flores ya no anunciarán
la primavera y tu ausencia anuncia
ya el fin de este jardín.

Forsythia

The weight of the snow felled you.
It is melting now and the mass
of your fragile, dead branches
show the infesting gallnuts.
Throughout the years,
even before the leaves,
you sprouted yellow flowers,
early greeting of spring.
Too late it dawned on us
that the gall lumps were draining
your sap and your energy.
It was not the weight of the snow;
it was our lack of care that felled you,
noble and lithe forsythia of the oleaceae.
Your flowers will no more announce
spring while your absence
already spells the end of this garden.

Selva incendiada

El atardecer apenas teñía
el desangrado infinito
de la selva incendiada. Impalpable
sudario de evolución milenaria,
las cenizas envolvían
silenciosas, toda traza
de tribus, fauna y flora.

Incendiada por ardicia de lucro,
la selva que fue se extiende
más allá del hilo
del horizonte para el efímero
cultivo de la soja. Maquinaria
archieficaz a las gentes
el trabajo les robará,
el agua y el pan.

Fire-Gutted Forest

The setting sun barely tinged
the lifeless vastness
of the fire-gutted forest.
Ashes, impalpable shroud
of millenary evolution,
silently wrapped all traces
of tribes, fauna and flora.

Target of incendiary greed,
the forest that was,
extends beyond the horizon line
for the ephemeral soy bean fields.
Super-profitable machinery
will rob people of work,
bread and water.

Cascada

Amarillentos rastrojos, pies hinchados
punzaban. Seguimos, la mirada fija
en algo que se iba perfilando lejos:
agasajadora, fría, cristalina
cascada, aunque la llanura
leonada desmentía la promesa.
Más nos acercábamos, más lucía en el sol.
Más nos acercábamos, más se hacía muda
la cortina de agua que en un relámpago
de esperanza transformamos en manantial.
Ni fuente, ni cascada
ni siquiera espejismo,
sábanas de transluciente plástico
ante nuestros ojos sedientos
se deslizaban.

Waterfall

Ochre stubbles pierced our swollen feet,
but we trudged on, our gaze fixed
on something emerging in the distance,
something welcoming, cool
crystalline waterfall,
albeit the tawny plain belied the promise.
The closer we got, the more it shone in the sun.
The closer we got, the more silent became
that watery curtain which in a last gleam
of hope we imagined to be a spring.
Neither fountain, nor waterfall,
nor even mirage,
sheets of translucent plastic
unfolded in front of our burning eyes.

Pobladores de la tierra

Huestes, huestes, pobladores de la tierra,
un parapeto de indecible espesura
hacia el mar enrollábamos.
No era represa para frenar el ímpetu
del oleaje. Era un malecón espeso
de inmundicias
lo que hacia el mar empujábamos.

No había ni muladar
ni sumidero que las contuvieran,
sólo el mar.
Tierra y mar asolábamos.

Inhabitants of Earth

Hordes, hordes, inhabitants of earth,
a parapet of incredible thickness
we rolled toward the sea.
It was not a dike to break the impetus
of waves. It was a ponderous
levee of garbage.

> *There was no dunghill nor gully*
> *that would contain it,*
> *but the sea.*
Land and sea we razed.

Alang

Ya sordos a atesios y alisios; ya
por encima de hurtar o ganar
el viento, lentos en la postrera
singladura dan de quilla
centenares de navíos, barcos,
buques aljibe en la playa de Alang,
de olas antaño pristinas;
hoy cementerio de aguas espesas
vectoras de substancias letales.
     Navíos a morir y a dar muerte
     condenados.
Antorchas de acetileno,
machos y martillos manejan
sin protección y escasa ganancia
los desvalidos valientes,
cuyo rayo de esperanza,
     sobrevivir,
     es la antorcha
de acetileno en el cementerio de Alang.

Alang

Deaf to etesians and trade winds,
heedless to sailing
in the eye of the wind or off it,
slowly in their last log
hundreds of ships, tankers and liners
careen on the beach of Alang,
long ago of pristine waves;
today a cemetery of oily waters,
carriers of lethal substances.
        Vessels condemned
        to die and to kill.
Acetylene torches, mauls and hammers
are handled with no protection
and meagre gain,
by the valiant destitutes
whose only ray of hope,
        survival,
        lies in the acetylene torches
in the cemetery of Alang.

Pesadilla

La playa no daba a un mar
de hondura ni azul, ni verde
ni luciente.
     En arena movediza
       soez, se ahondaban los pies.
Asqueroso
lamedal resbaladizo
que reflejaba el problema
de mil millares de litros
que de las cloacas salen
al estrecho
de Juan de Fuca, tan azul
ultramaro en la distancia.

Nightmare

That beach didn't open up
either to a deep
blue sea, or green,
or glimmering.
      In quick sand,
      polluted with runoff
      one's feet sank.
Loathsome
slippy slime
reflecting the problem of millions
litres runs from sewers
into Juan de Fuca Strait,
so ultramarine blue in the distance.

Incendio en el pantano

En este día de puro cristal azul,
ya no hay traza de humo,
ni olor de la quema que aún repta bajo
el musgo subrepticia,
a las orillas del pantano, refugio
hospitalario de millones de pájaros
migratorios.
¿Adónde se habrán volado,
adónde? antes de la hora
migratoria, en estos días de requemar
aunque el solano el humo se ha llevado.

Fire in the Bog

No trace of smoke
in this pure crystal-blue day;
nor a whiff of the fire still
surreptitiously creeping
under the moss,
on the marsh shore,
sanctuary of millions
of migratory birds.
Where will they have flown,
where, before their hour?
In these days of creeping fire
although the easterly wind
has blown the smoke away.

Floración

Se levanta una floración
de golondrinas de mar,
bandada rielante en el sol,
puntos luminosos que se hacen
pájaros otra vez al ras de la arena.

Florescence

Like wind-blown flowers
a flock of terns rises,
glistening in the sun,
luminous points, birds
again as they alight on the sand.

Primavera

Atrae y absorbe la bajamar,
quietud celeste y centelleante,
de pronto quebrada
por un ruido entre crujido y susurro:
centenares y centenares
de patos volando al ras del agua
en larga compacta bandada.

Springtime

The receding tide attracts you,
takes you in,
celestial scintillating tranquillity
suddenly creased
by the rustling and whirring
of hundreds of ducks
skimming the water
in a long compact flock.

Universos

Dicen que el nuestro es uno de los infinitos
universos en constante formación.
Que espacio y tiempo a vastas dimensiones
se extienden desde un punto iniciador,
    burbujas de energía,
    semillas de universos.
Dicen que una elusiva materia oscura,
    armazón cósmica
    red invisible,
    contiene y controla
    enjambres de galaxias.
Espacio y tiempo a vastas dimensiones
se extienden. En billones de años
se oscurecerá el universo, apagamiento
total, total desintegración de la materia.
    Entretanto los cielos van escrutando.
    Escrutando van estrellas,
    azulados quásares,
    detectando planetas que a nuestra
    tierra se asemejen.
Escrutando irán el potencial biológico.
¡Guay de esos planetas que ignaros
brillan en el espacio!

Universes

That ours is one of the infinite
universes in constant formation
they say; that space and time
to unfathomable dimensions
are extending from a point
     initiating bubbles of energy,
     seeds of universes.
They say that an elusive dark matter,
     cosmic framework,
     invisible net,
     contains and controls
     swarms of galaxies.
Space and time to unfathomable
dimensions are expanding.
In billion of years our universe
will darken, totally spent,
total matter disintegration.
     In the meantime the skies
     they survey; scrutinize stars,
     blue quasars,
     to detect planets
     resembling earth.
The biological potential
they will investigate.
Woes await those planets
shining unaware in the space.

De Lima a Chimbote

Chabolas, polvo, basura,
palmeras polvorientas
al margen de la carretera;
palmeras achatadas,
montón de hojarasca
a la vera del camino;
cruces, hornacinas rumbo
a Chimbote; cruces secas,
cruces solitarias, cruces
acompañan al viajero.
Un ramo de flores frescas
desgracia reza rumbo
a Chimbote. Dunas, quena
del viento, dunas doradas,
colmenas de vendavales,
dunas suaves de ligeros
trazos con toques de brisa;
otra vez, cruces torcidas
por vendaval arrancadas,
hornacinas vacías,
hornacinas de tenue
imagen fugitiva.

From Lima to Chimbote

Shanties, dust, waste,.
dusty palms
at the verge of the road;
flattened palms,
heaps of trash
at the edge of the road;
crosses, niches on the way
to Chimbote; old crosses,
solitary crosses, crosses
the traveller accompany.
A bunch of fresh flowers
misfortune spells
on the way to Chimbote.
Dunes, flute of the wind,
golden dunes,
beehives of wind storms,
dunes softly profiled
by light breezes;
again twisted crosses
by the wind uprooted,
empty niches,
niches by fugitive,
pale images abandoned.

Lento riachuelo

Riachuelo de aguas lentas
densas, que no dejaban ver el fondo,
aguas de un peligrosamente bello
turquesa que nada bueno rezaban.
Alegría de pinar
que se esfuma en la altura.
Alegría mermada
por el riachuelo turquesa que cuela
de minas de cobre, impávido reptando.
Orillas estériles sin brizna de hierba
deja. Arbolitos de pie,
semillas germinadas,
replantar deseábamos.
Desatar esperábamos el eslabón
químico de la ponzoña.

Slow Creek

Slow-moving, dense waters
hiding the bottom,
waters of a dangerously
beautiful turquoise, spelling trouble.
Joyous pine grove vanishing in the height;
joy marred by the turquoise creek
dauntlessly snaking its way
from copper mines,
leaving sterile shores,
without a blade of grass.
Tree seedlings we wished to replant,
hoping to undo the poison's
chemical bond.

Molde de plata

Las aguas del río ya no eran aguas
sino barro que en cestas recogíamos
para modelar lo que había sido
río. Dar forma queríamos
a lo que iba desvaneciendo: hermoso
fértil fluir de aguas saludables, volutas,
vueltas, ensenadas, huertas
fructuosas, rosas silvestres,
reinas de los prados, vida.
Un molde anhelábamos crear,
que contuviera lo que es y hace un río
para vaciar en él plata
derretida que encerrara la esencia
del agua. Mas eran lentos y torpes
nuestros   movimientos   para   retener
lo que rápido iba desvaneciéndose.

Silver Mould

The river waters were not water anymore,
but rather mud which in panniers
we collected,
to model with it what had been a river,
to give shape to what was vanishing:
wondrous fertile flow of unpolluted waters
 in bends, twists and turns,
  fruitful orchards, willows, wild white
  roses, queens of meadows, life.
A mould we wished to conjure up,
one that would contain
what was and made a river.
One to cast molten silver in,
enclosing the essence of water,
but our movements were too sluggish,
clumsy to retain what was rapidly vanishing.

Laberinto

Celdas cerramos al margen
de un laberinto de zozobra.
Al grito lacerante
de una mujer, al que hacía eco
el nuestro silencioso,
abrimos nuestras celdas
cautelosos.

Armados de un libro de láminas vivas,
nos adentramos en el laberinto.
Contemplamos esa flor
encarnada, violenta
en la página lisa ¿era óleo aún fresco
de pincelada o era grumo de sangre?

Glóbulos gelatinosos
hacia nosotros iban avanzando.
Los atacamos golpeándolos,
aplastándolos con astillas.
Figuras poderosas, de rojo,
se abalanzaron amenazadoras
acusándonos de la matanza
de organismos indefensos. Perdón
suplicamos en ese laberinto de zozobra.

Labyrinth

We locked cells on the margin
of a labyrinth of anguish.
At the lacerating scream of a woman,
echoed by our silent cry,
we cautiously opened our cells.

> *Guided by a book with live pictures,*
> *we entered the labyrinth,*
> *musing on that crimson flower,*
> *violent on the smooth page.*
> *Was the oil- brush stroke still fresh*
> *or was it a blood clot?*

Gelatinous globules
were advancing toward us.
We attacked them
beating and squashing them with sticks.
Panjandrum figures, clad in scarlet
rushed toward us,
accusing us of killing
defenseless organisms.
Mercy we implored
in that labyrinth of anguish.

Lluvia sulfúrea

Unos volvíamos del mimbreral
de haces de mimbre cargados.
Otros trepábamos la escarpada
orilla del río
llenos de juncos los brazos.
De prisa trenzábamos juncos,
cañas y ramas de sauce.
Prisa y más prisa,
tejíamos febrilmente extensa
estera que protejera
la cumbre de una pirámide
de sulfúrea lluvia.
Nubarrones impregnados
de esas aguas corrosivas
a cúmulos de orla brillante
se adensaban.
Rosarios de azulados
aljófares rezábamos
en la bruma del sueño.

Acid Rain

Some of us were on the way
back from the osier grove
loaded with sheaves of willow boughs.
Others were clambering
the craggy bank, their arms full of reeds.
> Swiftly we wove rushes
> reeds and osiers.
> Swiftly swiftly,
> we feverishly wove an extense
> mat to protect the top of a pyramid
> from sulphuric rain.
High clouds gravid
with corrosive water
were massing up in cumuli
with brilliant lining.
> Celeste rosaries of fresh-water pearls
> we were fingering in prayer
> in the misty dream.

Apariencias

Alabado sea el engaño
de la apariencia que por un instante
nos hace olvidar la innegable
verdad escondida debajo
de la gama de azules: del celeste
al ultramaro, al azul de cobalto.
Riela el haz de la mar y cela
los letales posos que contaminan
la fauna marina. Riela el haz
haciéndonos olvidar que esas siluetas
ancladas en la bahía son
buques aljibe de ominoso sino.
Alabado sea el engaño
de la apacible apariencia de bancos
arenosos en la bajamar.
Alabemos las perfectas estrellas
de mar rosadas como rodonita
esculpida, otras como cristales
de amatista reluciendo
en la marea ya entrante. Alabemos
la arena en donde las gaviotas
se congregan junto a las golondrinas
de mar, casi a punto de migrar
hacia el sur.
Hacia el sur alzaron vuelo
ya, las menudas eriolas. ¡Ojalá
eviten las luminarias urbanas!
Alabada sea el ancla
de la esperanza.

Appearances

Praise be to illusive appearances
that for an instant
make us forget the undeniable
truth hidden under an array
of blues: from cerulean
to ultramarine, to cobalt blue.
Glimmers the surface of the sea
hiding lethal runs that poison
marine life. Glimmers the surface
making us forget those silhouettes
anchored in the bay are
tankers of ominous destiny.
Praise be to illusive peace
on sand bars at low tide.
Let's praise the perfect sea stars
roseate like sculpted rhodonite,
others like crystals
of amethyst shimmering
in the now-rising tide.
Let's praise the sand banks
where seagulls congregate
along with terns almost ready
to wing their way south.
On their way south
the minute sandpipers
have already taken wing.
Would to God they fly clear
of urban lights.
Praised be the anchor of hope.

Esperanza

Plantábamos y volvíamos a plantar
setos vivos alrededor
de los que esperábamos se hiciesen
sotos y a su debido tiempo,
bosques, bosques de abedules,
sotos de alerces, álamos, arces, alisos.
      Tenían que crecer y verdeguear.
      Soñábamos con denso e intenso
      verdor en los yermos eriales.
Sembrábamos y volvíamos a sembrar
hasta que un día una alborada
melodiosa nos despertó.
Fresca brisa cimbreaba los setos en flor.

Hope

We planted and planted again,
hedges around what we hoped
would grow into copses;
in due time, into birch forests,
into larch, poplar, maple and alder groves.
     They had to grow and green.
     We dreamt about dense and intense
     greens in the wastelands.
We sowed and sowed again
until one morning we arose
to the melodious sound of a breeze
swaying the flowering hedges.

Salvación

Rodábamos rápidos
un vasto transluciente lienzo
de cáñamo que asíamos fuerte y firmemente
por los cuatro cabos cardinales.

Rodábamos rápidos
fantaseando con la salvación
de toda la fauna terrestre y marina,
anhelando salvaguardar todo
lo valioso del mundo.

Rodábamos rápidos
cada cual en la mente encerrando
lo que más valioso del mundo sentía.

Ya se hacía opalescente el lienzo
con el fuego recóndito del ópalo.

Salvation

Rapidly revolving we were
a vast hemp cloth firmly held
by the four cardinal ends.

> *Rapidly revolving we were*
> *while dreaming to save*
> *all terrestrial and marine fauna;*
> *while yearning to protect*
> *all that was worthwhile in the world.*

Rapidly revolving we were,
each harbouring in one's mind
what was felt
to be most precious in the world.

> *The cloth was taking*
> *an opalescent hue*
> *fed by the inner fire of the opal.*

Spanish Bank

Mal se sujetan las aguas del Brazo Norte
del poderoso Fraser
a las leyes magnéticas de ambos sol y luna,
mas en fin se sujeta
el brazo fluvial desaguando en el mar, aquí
cerca de Spanish Bank,
mi querencia. Cerca, cerca en donde la baja
marea deja a veces
vadosa extensión, engañosa cuando el pie
en el légamo se ahonda.

Alejado me he demasiado. Titubeo
¿Vuelvo atrás? o ¿hacia el este
sigo? en donde las lenguas de arena
me señalan.
Vacilo entre ir atrás o hacia el este;
entre el este y el más allá.

Spanish Bank

Unwillingly the North-Arm waters
of the mighty Fraser
submit to the magnetic laws of sun and moon,
but in the end, the fluvial arm does submit
as it flows into the sea near Spanish Bank,
my haunt. Quite quite near,
where low tides leave
a shoaly expanse, at times deceiving
when the foot in the silt slumps.

Too far I got. I waver.
Turn back or eastward?
where sandy banks beckon.
Between turning back
or eastward I waver;
between eastward or beyond.

II

Amores fantasmales

Ghostly Loves

A la revuelta de una calle en sombra
un fantasma irrisorio besa un nardo.

Antonio Machado

At the turn of a shady road
a derisive phantom kisses a tuberose.

De negro ibas...

De negro ibas en la oscuridad
perdiéndote, disipándote.
En ti me embatí, como brisa
marina, varias veces
en ese sueño. El calor
de tu cuerpo al rozarte
y la vislumbre de una sonrisa
sugerían la agnición súbita
de ese instante en desintegración.

Clad in Black

Clad in black you were,
lost in the darkness,
in it disappearing.
Like a sea breeze I ran into you
several times in that dream.
The warmth of your body
on brushing you and the glimmer
of a smile on your face
suggested a sudden recognition
in that disintegrating instant

Tetro pago

Pago fantasmal con amplia senda
serpeante entre blancos estériles
cerros, sin ni siquiera un matorral
verde, mas se oía la resaca
de un mar invisible, a la derecha.
Pago fantasmal de una querencia
de antaño era, de buenos, plenos días.
Una figura contrahecha iba
saltando cuesta abajo, ridículo
fantasma de una figura alta y erecta
antaño. Tetro pago sin verdor...

Eerie Site

*Eerie site with wide path
snaking through white hills,
barren of even as much as a green
copse, but the surf of an invisible
sea could be heard on the right.
Eerie image of a long-ago haunt
it was, of good and full days.
An odd, ridiculous
figure went hopping downhill,
ghostly image of a long-ago
tall, straight figure.
Sombre site bereft of greenness...*

Turquesas

Margen de un estanque, neta y segura,
agua clara, turquesa, transparente
a sumergirnos suave y silente
nos invitaba, aunque la orilla oscura

al opuesto lado, efusa en la hondura
nos desasosegaba gradualmente.
Al fin el haz clariosa, reticentes,
nos sedujo, agua, agua turquesa pura.

Improvisas, extrañas, de la opuesta
orilla del sueño surgieron olas
impetuosas que a la cobijada margen

nos empujaron, a un rezo respuesta.
Por los dos recé y me encontré sola.
Ya no te vi. Las turquesas por ti arden.

Turquoises

Cleanly-edged, secure margin of a pond,
clear water, turquoise, transparent,
silent, suasive invited us to plunge into it,
albeit the dark shore on the opposite side,

effused in the depth, gradually unsettled us.
Reluctant, we were finally seduced
by the limpid surface:
water pure, turquoise water.

Suddenly, incomprehensibly,
from the opposite shore of the dream
impetuous waves surged, pushing us
toward the secure side, as in answer
to a prayer. I prayed for us both,

but I was left alone,
never to see you again.
For you the turquoises glow.

Alción

Casi alción eras, casi volabas,
al ras del agua y arena.
Joven eras, rápido y ágil.
De haber respondido
a tu mirada a la orilla
del mar, contigo a lo largo
de esa playa onírica sin fin,
hubiera volado.
Volando te veía,
de seguirte deseosa.
Con los ojos y el deseo
te seguí hasta no verte más.

Kingfisher

Almost a kingfisher you were;
you were almost flying
skimming sand and water.
You were young, swift and agile.
Had I answered your glance
at the seashore,
I would have been flying
with you along that endless
oneiric beach.
I was seeing you flying,
wishing to follow you.
With my eyes and desire,
I followed you
until I couldn't see you anymore.

Manos frías

Dices que tengo las manos frías
y las rechazas,
en vez de calentarlas. No puedes.
Ya el aliento nos corta
el aire helado del túnel.
En él nos adentramos
para un recorrido sin fin.

Cold Hands

You tell me my hands are cold
and you reject them,
instead of holding them. You can't.
Our breath is already cut
by the frigid gust of the tunnel.
In it we are setting off
for an endless journey.

Mano ajena

¿Por qué dejaste que mano ajena
mi hombro rozara?
Esa mano que creí ser tuya
una falla en ese día formó
entre nosotros, la cual más y más
se fue ensanchando.
¿Por qué dejé que el atestado tren
de ti me separara?

Alien Hand

Why did you let that alien hand
brush my shoulder?
The hand I thought was yours
formed between us
a widening rift.
Why did I let the crowded train
divide us?

Rescoldos

Me multiplicaba en el pequeño espacio
del escenario. Yo misma múltiple hacia
ti corría, enmarcado en la sala oscura.
Querría sumergirme en un tiempo lleno
de ti, que no tuviera otros límites sino
el pensar en ti.
      Encantador eras, pero demasiado
      distante, en demasía.
¿Por qué nutrir llama oscilante que quema
a la vez que enfría?

Embers

*Multiplied on the scarce
space of the stage, multiple
I ran toward you
haloed in the darkness.
Submerge myself I wished
in a time full of your presence,
a time with no limit
but my thinking about you.
      Charming you were,
      but way too distant.
Why kindling
a flickering flame
that burns as it chills?*

Invitación

Los huéspedes todos de negro
se agolpaban a mis puertas.
Los había convidado,
mas entre ellos,
no había ni cara,
ni gesto que reconociera.

Alguien, un poco apartado,
un ramo de junquillos
blancos y dorados
llevaba, aliviando
la negrura.

Invitation

The guests, all in black
were crowding at my doors.
I had invited them,
but among them all
neither face, nor mien
could I recognize.

Somebody, a bit on the side,
was clutching a bunch of jonquils,
white and golden,
lighting the darkness.

En la huella del Cantar de los Cantares

Vida mía, estoy en el pinar
de ayer, de hoy, de siempre, contigo.
Tú eres el aroma del pinar.
Todo mi ser se centra en ti. El pensar
en ti me cancela la larga soledad
del pasado y me colma el presente
en la espera de verte.
Los dedos largos de la madreselva
son las caricias de tus manos.
Eres tú el viento que agita moreras,
lirios, retama. Viento que con ímpetu
cruza por los antiguos olivares.

El agua fresca del pozo sonoro
de ayer, de hoy, de siempre, eres tú.
El susurrido del mar en la noche
es tu voz. Me serena el pasado,
el futuro y este momento presente.
Tú eres el viento que mece las ramas
retorcidas de los olivos, que el mar
alborota arremolinando arena.

After The Song of Songs

My beloved I am with you
in the pine grove as it was yesterday,
today and ever and ever.
You are the pine grove fragrance.
All my being is centred on you.
Thinking about you erases the long
loneliness of the past and fulfils
the present while I am waiting for you.
> The honeysuckle's finger-like petals
> are your caressing hands.
> You are the wind that sways
> mulberry branches, lilies, genistas,
> impetuous wind crossing
> the ancient olive groves.

You are the fresh water
from the resounding well
as it was yesterday,
today, ever and ever.
The sound of the waves
breaking on the shore at night
is your voice; it sooths my past,
my future and this moment.
> You are the wind that sways
> the gnarled olive-tree branches,
> that ruffles the sea and swirls the sand.

III

Encuentros, desapariciones, peregrinajes y visiones

Encounters, Disappearances
Pilgrimages and Visions

Ese jardín...
Ocupa cierto espacio en la sombra,
como un poema sumergido en el pensamiento.

Paul Claudel

That garden...
fills a certain space in the shade,
like a poem submerged in the mind.

Miedo

Por los cantos de una tersura letal,
lustrosos por el romper de las olas,
hacia una cornisa
trepábamos. Prisionero
cada cual de su miedo,
nadie la mano tendía al vecino.
Agarro no había en la tersura alba
de la pesadilla.

Fear

Along the perilously terse cliffs,
burnished by the rolling waves,
toward the ridge we ledged our way.
Prisoners of our fears,
nobody extended a helping hand
to their neighbour,
as there was no grasp in the white terseness
of the nightmare.

La oleada

Ni grito, si grito hubo,
se oyó.
El ímpetu de la oleada
rompiéndose contra el acantilado,
se los llevó, adolescente y voz,
en el fragor ahogados.

The Surge

No cry, if there was a cry,
was heard.
The swell of the wave
breaking against the cliffs
swept them away;
adolescent and his voice
in the sound of the surge drowned.

Laguna de insomnio

En la laguna del insomnio
breves intersticios de sueño:
fragmentos cortantes de espejo
grotescas figuras reflejan.
          Entre ellas la mía que intento
          recomponer. ¿Para qué?
Alud de piedras se despega
desde lo alto de la sierra. Ya
petrificados nos integra,
enrolla y precipita en crecidos mares.

Insomnia Lagoon

In the insomnia lagoon
fleeting interstices of sleep:
cutting slivers of glass
grotesque figures reflect.
          Among them my own
          which I strive to recompose.
What for? An avalanche of stones
slide from an apex. Petrified
we are integrated, rolled and plunged
in rising seas.

Racimos de glicinia

No apartes los racimos
olorosos de la glicinia.
Entre los racimos morados
reverbera el sol y el son
de la resaca se oye.
Que de paz un espacio quede.
Paz implora, sueños de limpias
aguas, de verdores y campos.

Wistaria Clusters

Don't separate the fragrant clusters
of the wistaria.
Through the mauve clumps
reverberates the sun and the surf
resounds.
Let there be space for peace.
Peace implore, dreams
of fresh waters and green fields.

Mediocres bocetos

La lluvia a cántaros repiqueteaba
el vidrio de las vitrinas
sin borrar lo flojo de los bocetos.
      Colaba el agua en algunas,
        desintegrando las formas de barro.
Quien me acompañaba
con gesto displicente se alejó.
Otros bocetos de más mérito quise
enseñarle, mas ni él, ni las hermosas
formas ya estaban.
      Cuesta abajo en la lluvia torrencial
      corrí hacia el río tumultuoso.

Mediocre Sketches

Heavy rain drummed on the glass
of the showcases, not quite blurring
the mediocre figurines.
    Water trickled inside
     some of the cases disintegrating
    the clay forms.
He who accompanied me
walked away frowning.
More meritorious sketches I wished
to show him, but alas!
Neither him
nor the graceful forms
were to be found.
    Downhill in the torrential rain
    I ran, toward the roaring river.

Trueque temporal

Cara perdida en los espejos
del pasado, fragancias
futuras de *ylang ylang*,
cananga odorata,
guirnaldas de eucalipto,
de crisantemos y alcatraces,
fragancias del último trance
disfrutadas en el frívolo presente.

Time Exchange

Face lost in the mirrors
of the past, future fragrances
of ylang ylang
(cananga odorata),
eucalyptus, chrysanthemum,
calla lilies wreaths,
fragrances of the passing
enjoyed in the frivolous present.

Avería

Una avería sumió
la vecindad en las tinieblas,
mas la blancura mate
de la nieve que lo amantaba
todo, tenue alumbraba
el paisaje. Ni luna
ni lucero que diera
a los copos de nieve
centellas. Ni luz ni centellas
lucían al subir cansada
el cerro, mas la nieve
de blancura mate, reposo daba.

Short Circuit

A short circuit plunged
the neighbourhood in darkness,
but the mat whiteness of the snow
mantling the landscape,
tenuously lit it.
No moon, no evening star
to make the snowflakes sparkle.
No light, no sparkles
on the tiring- uphill pull;
but the mat whiteness
felt restful.

Fugitivos

Ráfagas estuosas nos empujaban
a través de ciénagas,
hacia el verdor de los arrozales.
Las turbias aguas las escondían,
mas sí sentíamos el viscoso roce
de las sanguijuelas, las ventosas
alertadas por el chapoteo
de pies cansados,
de pies fugitivos.
La espalda íbamos a doblar en el plantío
de los arrozales.
Los blancos corimbos de lejanos
alisos añorábamos.

Fugitives

Sultry winds goaded us
through marshes
toward green rice fields.
Murky waters hid them,
but we felt the viscid brushing
of leeches, their suckers
alerted by the splashing of tired feet,
fugitives' feet.
Our backs we were going to bend
in the rice fields while we longed
for the white corymbs
of faraway alders.

Aurora borealis

Dormirse con los torbellinos, vórtices,
celajes de rápidas nubes,
flámulas verdiazules de la aurora
boreal, con el avance
veloz de electrones que del haz del sol
se escinden. Despertarse
tan sólo con retazos de volutas,
polvo de astros oníricos,
átomos de tierra, contenido
infinito de un sueño.

Aurora Borealis

To fall asleep with whirls and vortexes,
canopies of swift-moving clouds,
green-azure streamers of the aurora borealis,
vertiginous advance of electrons
exciding from the face of the sun;
only to wake up with remnants
of volutes, oneiric astral dust,
atoms of matter from the infinite
content of a dream.

Cornucopia

Tolvanera de polvillo
luciente nos absorbía,
confundía con áurea triza
de ámbar en cornucopia plena,
rebosante, de infinita
orla, orilla sin horizonte.

Cornucopia

Whirlwind of glistening
dust sucked us in,
fusing us with golden
particles of amber,
in a horn of plenty
of infinite rim,
shore without horizon.

Réquiem

Dos figuras de cárdeno
llevaban alcuzas ¿de aceite
o de santos óleos?
      Santos óleos eran,
      el verdidorado aceite
      de los olivares
      de los fuegos fatuos.
Santos óleos, tardía
despedida a todos
los enterrados
en fosas comunales.
      Almas en pena eran
      de víctimas, testigos
      de matanzas, las llamas
      azuladas del fósforo óseo.
Para todos y ¡tantos!
santos óleos
de tardía despedida.

Requiem

Two livid figures
held cruets, full of oil
or holy oil?
    Holy oil it was;
    the golden green oil
    from the olive groves
    where ignes fatui
    flicker. Extreme-unction oil,
belated blessing
to all those buried
in communal graves.
    Tortured souls
    victimized witnesses
    of killings, were
    those bluish flames
    of osteal phosphorus.
For all the multitudes,
holy oil, belated blessing.

Promesa

Incandescentes círculos,
netos, puros, perfectos
en la circularidad,
se formaban. Fluían
en la diáfana atmósfera
en constante y uniforme
desenvolverse, dándonos
promesa de equilibrio,
quietud, transparencia.

Promise

Incandescent circles
clean-cut, pure, perfect
in their circularity,
were being formed.
Flowing in diaphanous
atmosphere, in constant
even unfolding, they gave
us a promise of equilibrium,
calm and transparency.

Bosque

Paisaje silvestre de inefable
primor se asomaba en un dorado
bosque otoñal y en remota sierra
de azul morado. Al volver la cara
vi el bosque luciendo
en gotas sin límites.

Forest

Wooded landscape of unutterable
enchantment appeared in a golden
autumnal forest and in distant
blue-mauve mountains.
As I turned, the forest glimmered
in expanding droplets.

Procesión

En el alba grisácea
procesión infinita
de indefinidos seres
andábamos. ¿Adónde?
Sólo Dios sabrá.

Procession

In the gray dawn
infinite procession
of indefinite beings,
we were walking.
Where to?
Only God knows.

Libros oníricos

Censores latentes, mentores,
esos libros primorosos
de tafilete marfil
que me vi mirando
embelesada
¿Qué celarán?

Dream Books

Hidden censors, mentors,
those exquisite books
bound in ivory kid leather,
I saw myself enthralled by,
what will they hide?

Muralla infinita

Cuidosa y casi siempre
penosa y obsesivamente
despegábamos azulejos
oscuros, de un muro que se extendía
en infinito.
       No con el mismo esmero,
       ni en la misma posición,
       mas sí con dificultad
       repégabamos uno por uno
       los azulejos deslucidos,
       resquebrajados por la vida.
Herramienta teníamos,
desde las prehistóricas
de vidriosa obsidiana
a los ultra taladros
eléctricos y cementos
silíceos, mas el esfuerzo
era igual de penoso
en ese muro que se prolongaba
en infinito.

Infinite Wall

Carefully and pretty well
always painfully, obsessively
we were detaching dark tiles
from a wall stretching out to infinity.
  Neither with the same care
  nor in the same position,
  we were, one by one,
  re-cementing the worn-out tiles,
  cracked by life.
Tools we had,
from the prehistoric, of glassy obsidian
to the ultra electronic drills
and silicon cements,
but the effort was equally painful
on that wall stretching out to infinity.

Espíritu de la Camargue

Todo lo ahoga el mistral.
Ni siquiera el crujir
se oye de las hojas secas. Sorda
aprehensión al ser invade.
Dudo su presencia.
Es una efigie en hermoso homenaje
¿a los caballos de la Camargue, aquí
entre hierbas tupidas
ondeantes? Inmóvil, marfileño,
vivo, el viento le ondea las crines
y le lleva mi olor.
Inmóvil, alerta lo olfatea en el aire.

Spirit of the Camargue

The northwest wind drowns
all sounds. Not even the rustle
of dry leaves can be heard; dull
apprehension invades one's being.
I doubt its presence. Is it
an effigy, fetching homage
to the horses of the Camargue, here,
in the midst of thick wavering
grasses? Motionless, ivory-like, alive,
the wind sways its mane
and carries my scent.
Motionless, alerted,
it sniffs it in the air.

Trogloditas

Quizás éramos trogloditas,
mas aún guardábamos residuos
de modales de otros tiempos,
de antes del cataclismo que había hundido,
socavado totalmente la población.

Escombros, podre, polvo, paso del tiempo
habían redondeado lo esquinado,
lo cuadrangular y agudo
de los edificios derruidos. Cavernas
sin aperturas que azulasen torrentes
soterraños; sin aperturas que hiciesen
retumbar el ímpetu de aguas
ahondándose hacia el magma de la tierra.

Mas no había río ni torrente en esas
cavernas ciegas.
Buscábamos lugares desaparecidos.
Esporádicos afloraban
en la mente, con un nudo en la garganta.

Al margen de un claro terroso
fragmentos de espejo, nuestras
caras reflejaban, mansas.

Troglodytes

Perhaps we were troglodytes,
but we still held on some residues
of olden- times ways,
from before the cataclysm
that caved in and buried the town.

Rubble, rot, dust, passing of time
had rounded squarish, quadrangular,
acute angles of collapsed structures.
Caverns devoid of openings
that might blue subterranean torrents;
devoid of openings
that would make resound
the waters rushing
toward the magma layer.

But there was neither river nor torrent
in those blind caverns.
We were looking for disappeared places
which sporadically
cropped up in our memory,
with a lump in our throats.

On the verge of a dusty hillock,
mirror fragments
reflected our meek faces.

Flotilla

En brazos de mar tranquilo, iridiscente,
se mecía una flotilla de galeones,
carabelas, carracas, naves de tiempos
pasados. Acanelado el maderamen,
sin velas, navíos de quilla ovalada,
diseño harmónico, se mecía cada una
en su brazo de mar sosegado.

Flotilla

*Along inlets of tranquil
iridescent waters, a flotilla
of galleons swayed: caravels,
carracks, ships of yore.
Cinnamon-coloured woodwork,
sail less ships with oval keels
harmonious forms were swaying,
each in its tranquil inlet.*

Alta mar

En alta mar, encima de la cresta
de unas olas henchidas de corrientes
submarinas y atmosféricas, ola tras
ola de todas las gamas del añil
mediterráneo, en bonanza por el sol
iluminadas y en tempestad sombrías,
le recordaba a alguien en un sueño
los galeones del otro sueño.

High Seas

On high seas on the crest
of waves swelled by submarine
and atmospheric currents,
wave after wave,
all nuances of Mediterranean
azure, in fair weather lit
by the sun, in tempests sombre,
I was telling somebody in a dream,
about the galleons of my other dream.

Espejos

Ha bruñido los espejos de su casa.
Su imagen destella en mirada que quiere
sobreponerse al desaliento, al cansancio.
Quiere y no puede encauzar el aliento
del gesto bruñidor a la mente.
Ha bruñido los espejos de su casa.
Debajo de las superficies lucientes
la perplejidad espía.

Mirrors

Her home mirrors she polished.
Shines her reflection with a look
that wants to overcome dispirit, tiredness;
that wants but can't direct
the polishing flare to the mind.
She polished her home's mirrors.
Under the sparkling surfaces
perplexity lurks.

Seda

Tela suntuosa de seda azul
perlada, de hilos de oro y plata
briscada, en el sol destellaba.
En el sol del mediodía íbase
desenvolviendo por un lado.
Por otro a modo de sudario
envolvían bulto tras bulto
que con sordo retumbo
caían en una fosa comunal.
Pesar por un onírico sol iluminado.

Silk

Sumptuous silk pearly blue,
embroidered with gold and silver
twist was sparkling in the sun.
In the midday sun it was
being unravelled on one hand;
on the other, like a shroud,
it was being wrapped around
one form after another, falling
with a thud in a communal grave.
Mourning lit by an oneiric sun.

Navío sin singladura

En un navío cuya singladura
no sé,
iban devolviendo prendas perdidas,
olvidadas, apartadas en otros
viajes.
Esperaba ansiosa que me llamasen
esperando que hubieran encontrado
lo que abandonado había en otros sueños.

Logless Ship

On a ship the log of which
I do not know,
objects lost, forgotten or shoved off
in other voyages,
were being returned.
I was anxiously waiting to be called,
hoping they had found
what I had abandoned in other dreams.

Alas

Una extensa mancha negra amenazante
invadió el camino que se veía de lo alto
de un edificio. La mancha se iba haciendo
pájaro, cuervo, corneja de irisadas
alas. De desasosiego, a asombro, a gozo
por las iridiscentes alas.

Alas

Spotted from the height of a building,
a black spreading threatening blot
invaded the road.
The blot was becoming a bird,
raven, crow with iridescent wings.
From apprehension, to wonder
to joy at (the sight) of iridescent wings.

Muchedumbre

Apiñados nos habían en un antro.
Mustios, deslánguidos y descalzos
estábamos.

¿Quiénes éramos? ¿Adónde íbamos?
A distribuir se aprestaban
zapatos usados,
para que emprendiéramos el viaje calzados,
así por decirlo. Poco prometía
ese montón confuso
de cañas sin suelas y suelas sin cañas.

¿Quiénes éramos? No nos conocíamos
aunque había algo que nos acomunaba,
la meta a alcanzar. Mas nadie sabía cuál
era la meta, a no ser esos estratos
color de magenta e índigo
de la tierra alejándose del sol.

Crowd

In a cavern they had crowded us,
withered, extenuated, barefoot.

Who were we? Where were we going?
Second-hand footwear
 was going to be dealt out,
in order to set off on our journey
well shod, so to speak.
That confused heap
of shank-less soles and sole-less shanks
didn't promise any use.

Who were we? Nobody knew anybody,
although something did bind us,
the end to reach. But nobody knew what
the end was, unless
the magenta and indigo stratus clouds
of the earth rotating away from the sun,
was our end.

Crucero

El oleaje subía, toda
esperanza zozobrando
bajo la furia de la galerna.
Ansiosos, en ropa amontonada
buscábamos chalecos salvavidas.
Frenéticos palpábamos sacos,
chaquetas, fajas, al tacto
esperando sentir flotadores.
Ya olvidadizos del inminente
peligro elegíamos colores,
juegos, ternos, estilos.
No había quien las guindolas
descolgara y nosotros,
presas de la locura seguíamos
escarbando sin saber ya qué.

Cruise

The swell was sinking all hope
in the fury of northwest winds.
Desperately we were fumbling
for lifesavers in heap of clothes.
Frantically we were feeling
coats, jackets, belts
for any sort of floats.
Bamboozled into recklessness
by danger, we were selecting
colours, matching outfits, fashions.
Nobody knew how
to lower lifebuoys,
but we all but maddened,
went on fumbling
for God knows what.

Queja

Todos fuisteis al manantial,
a disfrutar del frescor,
a recolectar la arcilla.
      ¿Por qué no me esperasteis?
Ya sabéis que no sé el camino.
Ahora os hablo y pregunto.
Cerrados y ceñudos
no me respondéis.
Cerráis los ojos, distantes.
      ¿Qué os he hecho yo?
      ¡Mira ése que me mira
      como si no me viera,
      como si fuera invisible.
Todos fuisteis al manantial.
¿Por qué no me esperasteis?
 Ya sabéis que no sé el camino.

Complaint

All of you went to the spring
to enjoy the fresh air
and collect clay.
> *Why didn´t you wait for me?*
You know I don't know the way.
Now talking to you and asking you,
silent and frowning,
you don't answer me.
> *What have I done to you?*
> *Look at that one*
> *looking through me*
> *as if he didn't see me,*
> *as if I were invisible!*
All of you went to the spring.
Why didn't you wait for me?
You know I don't know the way.

Pesquisa

"Sé a quien buscas, mas dónde está
no sé". "Conozco a quien buscas,
mas sus señas no recuerdo"
me contestaron.
Una jovencita muda
sí sabía y recordaba,
mas sus sones y señales
no sabía yo descifrar.
En una de las cuartillas
de esa pila, tus señas
estarían, mas el tiempo
corría y nos encontramos
en el luciente negro
vehículo que a las señas
de todos nos llevaba.

Search

"I know whom you are looking for,
but I don't know where she is".
"I know the person you are looking for,
but her address, I don't know"
they answered me.
A young girl, mute,
knew and remembered,
but her sounds and signs
I didn't know how to decipher.
On a sheet of paper on that ream,
your address must have been,
but time was flying and we met
in the shiny black vehicle
that was driving us
to everybody's address.

Andrajosos

En un camaranchón nos apiñaban,
trastos humanos, mugrientos, mal tapados.
  Entraba a chorros el sol
  sin darnos alegría, ni consolarnos.
Refugiados éramos. Siempre medrosos
de algo o de alguien, nos escapábamos.
Una bolsa de plástico llena de trapos,
papeles mojados e hilachas nos dieron,
para una emergencia.
Esa inmundicia ¿en qué emergencia podría
valernos? Esos eran los miserables
deshechos de las forestas boreales
talladas, perdidas, para darnos, dicen
medidas de emergencia,
siendo la pérdida de milenarios bosques
la irreparable destrucción
más allá de la emergencia.

In Tatters

In a garret they were pressing us,
human trash, filthy and in tatters.
       The sun was pouring in,
        but it didn't give us joy or comfort.
We were refuges, forever
fleeing from something or somebody.
They dealt out plastic bags
stuffed with rags,
wet paper and filaments
of some sort: for an emergency.
That garbage, of what use could it be
in an emergency? Those were the pathetic
leftovers of the boreal forests
felled, lost, to provide us they claim,
with emergency measures,
being the loss of millenary
forests, an irreparable destruction
beyond emergency.

Nómadas

Nómadas éramos.
Ibamos del llano a la sierra,
de la sierra a la llanura,
de pago en pago y desiertos,
inmersos en perlada luz que de lejos
nos abalizaba. Armábamos
las tiendas livianas, leves.
Las levantábamos en un santiamén. Eran
micelio. Micelio, esporas salmodiábamos
en el desvelado sueño.
          ¿Eran de saprofito o de parásito?
          ¿Utiles o perjudiciales?
Humanos errabundos con nuestras tiendas
de micelio ¿qué esporas vamos sembrando?
La luz perlada agua y desierto confundía.

Nomads

Nomads we were. From plains
to mountains, from heights
to low-lands, from village
to village and deserts
we wandered, immersed in pearly light,
beaconing to us from afar.
We put up our light tents
and undid them in a jiffy.
They were mycelium; mycelium, spores,
we were chanting in our uneasy sleep.
Were they saprophytic
        or parasitic spores?
        Useful or harmful?
Errant humans with our mycelium
tents. What sort of spores
were we disseminating?
The pearly light fused water and desert.

Polielias

Me vi mirando embelesada
un cáliz de cristal de roca, labrado,
mientras que el anfitrión, un sumergido
jardín a la orilla del mar
me enseñaba. Ondeaba densa
vegetación, de vistosas rosadas
flores que él polielias llamaba.
     Indicándome una piscina,
     "ésta que no el mar abierto
     y salvaje!" dijo. Pensé yo
     "el mar abierto por encima
     de cualquier piscina",
     pero en el jardín
     sumergido, para siempre
     quisiera haberme quedado.

Polielias

Enthralled by a chiselled
rock-crystal calyx, I saw myself,
while the host was showing me
a submerged garden by the seashore.
Dense vegetation with showy
rose-coloured flowers
he called polielias,
were swaying.
Pointing to a pool "never mind
the open wild sea, this is the thing".
He said and I thought
"open sea above any swimming pool",
but I would have loved to linger
for ever in the submerged garden.

Peregrinaje

¿Adónde íbamos? ¿Cuándo llegaríamos?
Los pies tropezaban con astillas
de cortante piedras cársticas.
Los pies sangrientos los lisos
líquenes tanteaban y en cardos
punzantes resbalaban.
              ¿Adónde nos careaban,
              agotado ganado humano?
Montones simétricos de blanquísimas
piedras se divisaban;
tras ellos una lejana faja
azul. Sólo el azul del mar
quedaba. No había peces,
ni mucho menos cardumes
para continuar la cadena
biológica ¿Eramos culpables?
              ¿Nos iban a sacrificar?
Ningún rito resucitaría
la naturaleza. Que siguiéramos
con nuestros lamentos al son
de la congoja de lo que ya no es.

Pilgrimage

Where were we going?
When would we get there?
Our feet were stumbling
on cutting slivers of Carsic rock.
Our bleeding feet were feeling out
smooth lichens and slipped
on prickly thistles.
Where were they herding us,
exhausted human cattle?
Symmetric mounds of chalk-white stones
could be discerned in the distance;
behind them a far-away blue strip.
Only the colour of the sea remained.
There weren't fish and even less
schools of fish to continue
the food chain. Were we the guilty ones?
Were we to be sacrificed?
No rite could resurrect nature.
We were told to proceed
with our lament at the rhythm
of anguish for what is no more.

Fines de agosto

Lejos de los nenúfares oníricos
color de amaranto,
lejos de las hojas brasiladas,
amplias patenas acogedoras,
en el estanque de un sueño inquieto,
voy, llevada por la brisa y el son
de la resaca, hacia la marea.
       Una bandada de las menudas
       zancudas, *Erolia minutilla,*
       desciende, hojas plateadas,
       para un picoteo de menudos
crustáceos. Largo es el vuelo hacia el sur.
Lejos de las oníricas hojas,
miro los racimos blancos
de infinitas lapas, colgantes
de racimos de mejillones
negros, asidos a un marcador
debidamente festoneado.

End of August

Far from the amaranth oneiric water-lilies,
far from the reddish leaves,
wide, welcoming patens
on the pond of a restless dream,
I walk away, spurred by breeze and sound
of the in-coming tide.
    A flock of sandpipers,
    Erolia minutilla,
    descends, silver leaves,
    for a pecking of minute crustaceans.
    Long is the southward flight.
Far from the oneiric leaves,
I gaze at the white clusters
of infinite barnacles, hanging
from clusters of black mussels
anchored on a well-festooned marker.

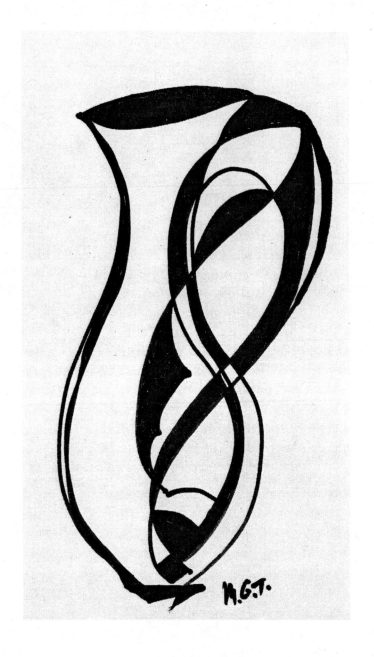

IV

Ubicua sílice

Ubiquitous Silica

De endurecer la tierra
se encargaron las piedras:
pronto
tuvieron alas:

Pablo Neruda

To harden earth
stones were entrusted:
soon they were on the wing…

Cuarzo rosado

Cuarzo rosado en bruto,
helo aquí, sílice ubicua
con escaso titanio,
del matiz rosado, donador.
Su luz interior, juego
de intersecciones concoideas,
cierra un frágil fuego.
En un fragmento de cuarzo
luz y tiempo milenario se unen.

Rose Quartz

Rose quartz in the rough,
here it is, ubiquitous silica
with a trace of titanium,
donor of the rose nuance.
Its inner light, play of conchoidal
intersections, encloses its fragile fire.
In a fragment of quartz
light and millenary time are fused.

Sol invernal

Ni siquiera veía ni el borde ni el giro
del lebrillo que estaba torneando.
El sol invernal entraba en tenues chorros
por las ventanas del alfar. Una y segura
con la arcilla me sentía. Momento
feliz asoleado de sol interior
y exterior, una con la arcilla,
barro con barro, me sentía.
Afloraba a la vez un mar onírico
que había alegrado un sueño
sombrío. Barro con barro con barro.

Winter Sun

I couldn't even see the rim
of the bowl on the wheel head.
The winter sun streamed
tenuously through the atelier windows.
One with the clay I felt and confident.
Happy moment lit by an inner
and outer sun; one with clay,
clay with clay I felt.
At the same time an oneiric sea
that lit a sombre dream,
was surfacing. Clay with clay with clay.

Xip Topec

Xip Topec, representas la tierra.
Eres Dios de los orfebres. Humilde
admiro los joyeles que inspiraste
a los del gremio en el empleo
del transparente cristal de roca,
cuarzo de ubicua belleza,
de la amatista, cuarzo de morados
misterios, del jade de múltiples
matices que el verdor evocan.
Contemplo los engastes
de la turquesa de oro moteada,
del ópalo de recóndito fuego,
del suave alabastro,
de la obsidiana, por el rápido fluir
de la lava engendrada,
del ámbar y del azabache, de bosques
milenarios fósiles. Pondero
los evos de organismos
preciosos: corales, caracoles,
perlas, de infinita intimidad,
epyolohtli, corazón de la concha,
en oro o tumbaga engastados.
Todos los admiro y adoro,
tesoros de la naturaleza.

Xip Topec

Xip Topec, the earth you represent.
You are the god of goldsmiths. Humbly
I admire the jewels you inspired
in your guild's craftsmen,
in the use of transparent rock crystal,
quartz of ubiquitous beauty,
of amethyst, quartz of mysterious violet,
of jade, evoking multiple hues of green.
I contemplate the settings
of gold-speckled turquoises,
of opals with secret fire,
of suave alabaster,
of obsidian
formed by the rapidly-flowing lava,
of amber and jet, fossils of millenary forests.
I ponder on the eons
of precious organisms: corals, shells,
pearls with infinite intimacy,
epyolohtli, heart of the conch,
set in gold or gold and copper alloy.
I admire them all and adore
nature's treasures.

Silicon

Hojeando textos teóricos,
manuales de ordenadores, todo
más allá, mucho más allá
de mi comprensión, se me saltó
a los ojos una frase teñida
de poesía: " *Silicon on sapphire cells*",
"Silicon en células de zafiro".
Zafiro, corindón que evoca
un azul celestial, pasado
por el fuego y orientado hacia el cielo,
bajo el poder de diestras manos.
Luego, si la frase aplico al gato
Silicon, mi sombra felina
de ojos azules,
de cariño se carga.

Silicon

Thumbing through theoretical
texts and computer manuals,
all of them above, way above
my head, a poetry-tinged phrase
appeared on the page:
"Silicon on sapphire cells";
sapphire, corundum
conjuring a celestial blue
fired and oriented toward
heaven by nimble hands.
Then if the phrase I apply
to my cat Silicon,
my feline shadow with blue eyes,
it becomes charged with tenderness.

Desfile fantasmal

Otra vez el desfile fantasmal
anodino, pálido, de siluetas
oníricas que no me revelan
sino la ansiedad del tiempo,
el deseo de la memoria
que ya no guarda imágenes tersas.
    Con los aretes de turquesas
    esperaba dar, con los aros
    de plata y oro cincelado,
    con las joyas de los Haida, Hopi
    Navajos, joyas del noroeste,
    tesoros del suroeste.
De lo escudriñado, la memoria
onírica nada retuvo.
Quizás las joyas un día afloren.

Ghostly Parade

Once more the ghostly,
bland, pale parade of oneiric
silhouettes that don't reveal to me
but the anxiety of time,
the desire of memory
that doesn't retain
terse images anymore.
I was hoping to run into turquoise
eardrops, gold and silver
chiselled torques,
jewels of the Haida, Hopi, Navajos,
jewels of the northwest,
treasures of the southwest.
But of all that scrutiny,
the oneiric memory nothing retained;
the jewels will surface perhaps one day.

Lebrillos

Lebrillos rebosantes de ágatas
esmeriladas por el frotar
de piedra contra piedra en el eterno
rolar de las olas, chocan
con otros, rebosantes de cristales
de cuarzo, amatista y citrino.
        Torbellinos de halos radiando
        salud salud, se difuminan.
        En el aire se dispersan
        radiando iridiscente luz.
Alguien una alcuza escancia.
Viscoso fluido serpea
por la arena ya no prístina.

Earthen Tubs

Earthen tubs teeming
with agates burnished
by the grinding of stone
against stone in the eternal rolling
of waves, clash with other
earthen tubs teeming
with crystals of amethyst
and citrine quartz.
　　　Whirls of haloes
　　　radiating wellbeing
　　　evanesce, disperse in the air
　　　radiating iridescent light.
From a cruet somebody
pours viscous fluid which snakes
in the sand pristine no more.

Transformaciones

I

La jarra ondulada, opulenta
en la redondez, se hizo alba flor,
luego árbol en césped blanco, alegría
de formas. Ya fuera del sueño,
búcaro azul espera agua fresca
o vino añejo servido
en mesa de claro nogal.

Transformations

I

Undulated ewer, opulent
in its roundness, became
a white flower, then tree
in white meadow, joyous forms.
Out of the dream,
blue jug waits for fresh
water or aged wine
served on white-walnut table.

II

La enroscada gatita negra
se transforma en blanco potrillo
echado en el suelo del alfar.
Tascando está un manojo de heno,
listo, para que en barro
modelemos su gracia equina.

II

*The curled-up black cat
becomes a white colt
resting on the atelier's floor.
Crunching a bundle of hay,
it is ready for us
to model in clay
its equine grace.*

III

Los lebrillos torneados
en la soledad de la noche
en cadena de verdiazules
estanques se transformaron,
entre prados y matorrales.
      Callados íbamos a la orilla
      de las aguas estancadas.

III

Capacious earthen vessels,
wheel thrown in the solitude
of night, were transformed
in a chain of azure- green ponds
in the midst of meadows and copses.
      Silently we were sauntering
      on the edge of stagnant water.

Tinajas de Colmenar

Fantasmas de las tinajas de Colmenar,
airosas y capaces, visión lejana,
se me aparecieron amalgamadas
con los esbeltos jarrones japoneses
admirados con reverencia
en la lejana infancia, en casa
rica. Se me aparecieron y en seguida
desaparecieron, retazos de un sueño
de madrugada.

Amphorae of Colmenar

Illusive forms, graceful and capacious,
Colmenar amphorae, vision of long ago,
appeared fused with slender
Japanese vases, admired
with innocent awe
in wealthy home long ago.
They appeared and swiftly vanished,
remnants of a dawn dream.

Don Esteban

Es el último de una larga progenie
de alfareros,
Don Esteban, de la aldehuela
de Pantoja.
Ninguno de los nietos quiere
amasar la arcilla ni en esa piedra
llana en el suelo,
ni en otra parte.
Agachado en su covezuela
de adobe, Don Esteban con escasos
utensilios moldea airosas
vasijas; cada una animada
por silueta estilizada de pájaro
o venado, o armadillo, o flor.
        ¡Ojalá alguno de sus nietos
        las huellas del abuelo haya seguido!
Mas ¿cómo ganarse el pan cotidiano
doblado en una covezuela
de adobe,
en el dominio del plástico?

Don Esteban

The last of a long line
of potters is Don Esteban,
from the village of Pantoja.
None of his grandchildren wants
to wedge clay, either on that
flat stone on the floor or anywhere else.
Crouched in his adobe hovel,
Don Esteban with hardly any tools
fashions graceful vessels;
each one enlivened
by the stylized figure of a bird,
or a deer, or an armadillo, or a flower.
Would to God one of his grandchildren
followed in his footsteps!
But how does one earn
one's daily bread crouched
in an adobe hovel
in the domain of plastic?

Doña Rosa

Jugueteo de las sombras del pirú
con las cortinas, ambos por la brisa
agitados. Fondo movido
en que se destacan las vasijas
de San Bartolo Coyotopec,
vasijas caladas, bruñidas.
Todas llevan el toque de la sabia
herencia de Doña Rosa
que controlar sabía el poder
del fuego en la creación
de las vasijas negras.

Doña Rosa

Interplay of shadows
of the ceiba with the curtains
swayed by the breeze.
Backdrop in motion; on it
the vessels of San Bartolo Coyotopec
stand out, stencilled and burnished.
All bear the touch
of the wise bequest
of Doña Rosa, who knew
how to control the power
of fire in the creation
of black vessels.

Barrio de las alfareras

Tarde tediosa dando rodeos
por esa deprimente capital;
fui de una terminal a otra,
ésa del Sur, fangosa terminal
de pesadilla. Allí estuve
pensando en lejano litoral.

A San Pedro Zacatepéquez iba,
del camión ni señal. El lodazal
crucé rumbo a Nueva Chinautla,
barrio de las alfareras. Ideal
lugar era el alfar, sencillo,
bien colocado el barro, potencial
de creación. Allí en el suelo
estaba sentada del arrabal
una alfarera, modelando
un plato. La agilidad maestral
de sus dedos esperando estaban
palomillas de arcilla candeal.

Alas desplegadas esperaban.
De la blanca vivienda un tojal
en el barranco se divisaba.

Potters' Suburb

Tedious afternoon going around
and around that depressing town;
I went from one bus station, to another,
the southbound one, nightmarish miry field.
There I stood dreaming about the sea.

To San Pedro Zacatepequez I was going,
no sign of bus. I crossed the mire
toward Nueva Chinautla, potters suburb.
Ideal place the potter's work space was,
spare, with neatly piled up clay,
potential of creation.
There, sitting on the floor,
the potter was modelling
a plate, while white-clay doves
were waiting for her masterful
fingers to form spread-out wings.

From the white dwelling
whin shrubs could be seen
in the ravine.

Chasco

Improviso desequilibrio visual:
figuras desencajadas lateral
vertical y parcialmente
superpuestas,
me desazonaron. A la vez claras,
las imágenes oníricas
al despertar ahogadas,
afloraron.
      Se veían las vasijas
      listas para la cochura,
      descascarándose del esmalte seco.
¡Vaya chasco en el sueño revivido!
Recomplicado por el ajetreo
mental de separar
lo onírico de lo tangible,
pensando, lo onírico es molde,
un molde cóncavo
de lo que nos inquieta en la vigilia.
Molde que intenta retener
el sueño, intento de elaborar otras
      hormas: círculos, círculos
concéntricos que aprisionan la memoria.

Letdown

Sudden visual imbalance:
figures dislocated laterally
vertically and partially
juxtaposed,
derailed me. At the same time
oneiric images, buried on wakening,
clearly surfaced.
            On the vessels ready for firing
            the dry glaze was flaking off.
Letdown in dream relived,
tensed by the mental fidgeting
of separating the oneiric
from the tangible,
thinking oneiric images are moulds,
concave moulds
of what unsettles us during the day.
Moulds that try to retain the dream
by labouring other forms:
circles, concentric circles
imprisoning memory.

Obsesión

La divina obsesión del barro,
la ansiedad por formar el pan
de arcilla en esbelta forma,
elevándola, inflándole el hombro,
alargándole el cuello
a la imaginada vasija,
se transforma en pesadilla.

Torno volcado, eje torcido,
volante rodando
cuesta abajo, rodal perdido
entre piedras, entre briznas
secas, la alisadora alaria.

Alfar al aire, ni sombra
de árbol, ni cobertizo lo amparan.
Manos descuidadas vasijas
arrasan en la pesadilla.

Clay Anxiety

Clay obsession, divine
anxiety to transform
the amorphous clay in slender
form, pulling it up, swelling
the shoulder, narrowing
the neck of the imagined vessel
becomes some time a nightmare...

Turned up-side-down wheel, twisted
axle, wheel head rolling
down hill, seat lost among
stones, in the midst of dry grass
the smoothing rib.

Atelier up in the air;
neither tree shade nor shed
shelter it. Careless hands
level vessels out in the nightmare.

Himno al Rakú

Alabemos a Dios, pues nos deja
moldear la arcilla a nuestra medida.
Alabemos a Dios que nos deja
cocer las vasijas en el sol
del mediodía, en el terroso
horno empotrado en el césped
llameado por los ámbitos verdes
de árbol, de arbusto, de rama
tupida de rosas. Que nos deja
encerrar en fuentecillas y lámparas
el espectro del arco iris
el fuego azul del lapislázuli,
la calidez reducida del cobre,
todo dentro de los lindes alegres
del fuego y de la luz estival.

Hymn to Raku

Praise be to God
that lets us model
the clay to our measure.
Praise be to God
that lets us fire
our vessels in the midday
sun, inside the earthen kiln
embedded in the meadow,
lit by the greenness
of trees, shrubs and boughs
laden with roses.
Praise be to Him
that lets us bind in bowls and lanterns
bands of rainbow,
the blue fire of lapis lazuli,
the warmth of reduced copper,
all within the joyous confines
of fire and summer light.

154

V

Meandros de la memoria

Memory Meanders

Tal vez la mano, en sueños,
del sembrador de estrellas,
hizo sonar la música olvidada...

Antonio Machado

Perhaps, in dreams, the stars-
sower's hand
made the forgotten music sound...

Palenque

Para mi hija

En el valle del Usumacinta
eres la álgida ciudad de belleza
suma en edificios y esculturas.
Tableros murales bajo el templo
de las Inscripciones, misteriosos
símbolos celan ¿Al Señor Serpiente
Jaguar, *crotalus durissus durissus,*
pertenece la tumba? ¿Quién sabe?
     En el sueño entre el tupido verdor
     de la selva apareció la reina
     de Saba, jovencita, en las manos
     un cofrecito del que sacó
     un collar de corales negros,
     un pectoral con primor labrado
     de casi tangible malaquita,
     orejeras de jade, y teselas,
     trizas de teselas de un mosaico
     de turquesa, efigie irreparable;
ajuar mortuorio de un gran Señor
de Otulum ¿Será éste tu nombre?
Sitio fortificado, a Palenque,
estacada, valla, traducido?

Palenque

To my daughter

In the valley of the Usumacinta
you are the noblest among the noble
for the utmost beauty of structures
and sculptures. Panelled
murals under the temple
of Inscriptions mysterious
symbols conceal.
Does the tomb belong
to the Lord Serpent Jaguar,
crotalus durissus durissus? Who knows?
> *In the dream, out of the jungle's*
> *dense greenness, the adolescent*
> *Queen of Sheeba appeared;*
> *in her hands, a casket,*
> *from which she uncoiled*
> *a black-coral necklace,*
> *a breast plate with almost*
> *tangible malachite decorated,*
> *jade ear ornaments*
> *and tesserae, bits of tesserae*
from a turquoise mosaic, irreparable effigy,
mortuary treasure of a great Lord
of Otulum. Is this your name?
Fortification as Palenque,
stockade, barrier, translated?

Llevo los guantes

Llevo los guantes que de Madrid
te traje hace tantos años.
De tus cálidas manos siento
el toque en las mías, madre.
Hay despertares inciertos
en los que no sé si eres tú
la que se despierta, o yo
en mi persona ¿qué más da?

Your Gloves

I am wearing the gloves I brought you
from Madrid so many years ago.
I feel the touch of your warm
hands on mine, mother.
In some uncertain awakenings
I don't know whether it is you
or I that wake up
in my person, but what does it matter?

Sacrificio

Rasgan el cielo garzas estridentes,
hacia bancos de arena planeando,
con gritos lacerantes.
Los del Talibán han asesinado
en nombre de Dios, será, como siempre,
a cinco médicos de los sin fronteras,
sin facción, ni de ningún gobierno
asalariados, libres de socorrer
a cualquier necesitado de alivio.
Los ha sacrificado, inocentes,
en el altar primordial,
ubicuo que es el mundo.

Sacrificio

Strident herons scratch the azure
slowly gliding toward the sand banks
with lacerating cries.
Taliban fighters killed
in the name of God, as always,
five doctors without borders,
nor faction, nor any government fund,
free to succour anybody
needing help.
They have been sacrificed,
innocent, on the primordial,
ubiquitous altar that our world is.

Tea

¡Ojalá hayas encontrado paz!
tú y la criatura que llevabas
cuando te quitaste la vida
¡pobre Tea! extramuros sepultada.

En la lejana adolescencia,
mi madre y yo te traíamos flores.

Después de medio siglo, en el sueño iba yo,
joven y firme, a un edificio
de bellas piedras incrustado:
jades, granadas, crisoprasas,

a exigir que me indicaran
tu túmulo ya que mío lo consideraba.

Thea

Would to God you have found peace,
you and the child you were bearing
when you severed your life, unfortunate Thea,
buried extramuros.

In the far-away adolescence
mother and I were bringing you flowers.

After half a century, I was walking
in a dream, young, confident,
toward a structure inlaid
with precious stones,
jades, garnets, chrysoprases,

to demand they show me
your grave which I deemed my own.

Palmera

La esbelta palmera que mi madre
con extremado toque cuidó
se me apareció pesarosa.

Alguien la había sacado al exterior
en el frío de la noche. No sé
si con ese alguien u otro me enfadé.

A otro de expresión bondadosa
acudí. A un puente llegamos
medio derruido. Le vi levantar
una pesada losa, debajo
de la que divisé un ataúd grisáceo;
dentro, la palmera que no pudimos
sacar. Me desperté con toda
la tristeza de esa pérdida, pronto
disipada. La palmera estaba
donde siempre, viva, saludable.

Ya no. Su recuerdo junto a otros,
duele *in perpetuum.*

Palm

The slender palm my mother
had grown with infallible touch
appeared sadly droopy.

Somebody had pulled it out
in the cold night.
I got angry with that somebody
or with somebody else.

To one with kindly expression
I ran for help.
We got to a half- destroyed bridge.
I saw him heaving a heavy stone slab
under which lay a greyish coffin;
inside it, the palm
impossible to exhume.
For that loss I woke up
with deep sadness, promptly
vanished. The palm stood
in its usual place, green, straight.

No more. Remembering it,
with other remembrances
hurts in perpetuum.

La fragua

Acudía a la fragua
como se acude a un rito
sagrado,
para verte a ti y a tus aprendices
avivar el fuego,
con fuelles que veía enormes en la lejana
infancia. Embelesada
te miraba enalbar
el hierro, forjándolo en perfectas herraduras
con hábiles martillazos en el yunque;
una a una forjada,
para ajustarlas, una a una en los cascos
de los poderosos caballos belgas, mágicos
centauros.
Eras el último de una breve línea de herreros
cuyas cancelas y verjas humildes rielan
en casas ruinosas.

The Forge

To the forge I hurried
as one does to a sacred rite,
to see you and your apprentices
kindle the fire,
with bellows which I saw as enormous
in the far-away childhood. Enthralled
I was looking at you whitening
the iron, forge it into perfect horseshoes
by skilful hammering on the anvil;
one by one forged,
to fit them, one by one, on the hooves
of ponderous Belgian horses, magical
centaurs.
You were the last
of a short line of blacksmiths
whose gates and balustrades humbly glimmer
in ruinous houses.

Tus libros

Con Carmiña, Carmiña joven y alegre
      rumbo al futuro, soñé.
¡Cuánto me encantan tus libros! le decía,
¡la forma en que das vida a lo inanimado!
Decía a los demás que también la alababan,
que hacía veintiséis años que la conocía,
      mas en la realidad
veintiséis era la edad de su adorada
hija, cuando falleció.
      Ya en paz descansan las dos.
A las dos recuerdo, recuerdo.

Your Books

I dreamt about Carmiña
Carmiña young, joyous,
     on the way to the future.
"I love your books" I was telling her,
"the way you instil life into
inanimate things".
To others gathered there,
praising her work, I was telling
I had known her for twenty six years.
     In reality,
twenty six years was the age
 of her beloved daughter
when she died.
     Now they are both
resting in peace. I remember them,
I remember them.

Desde el balcón de Gabriela y Santiago

Ahora mismo oigo el tintineo
de un carro halado por un mulillo,
las esquilas de cabras y ovejas
en el aprisco. Unos perruchos
hambrientos cerca del campamento
de los gitanos husmean, mientras
pastan escasa hierba unos rocines.
    Hondonada ocre, de casitas
    blancas con tejado anaranjado,
    y copas de árboles, salpicada.
Oigo el pífano del afilador,
sonido largo en tono menor.

From the Balcony of Gabriela and Santiago

At this very moment
I hear the tinkling of a cart
drawn by a mule,
the bells of sheep and goats
in the sheep-fold.
Famished mutts sniff
around the gipsy camp
while hacks graze sparse grass.
    Small white dwellings
    with orange roof and tree tops
    spatter the ochre ravine.
I hear the knife grinder's fife,
long minor tone.

El castillo de Alarcón al romper del alba.

Castillo de Alarcón, imagen
fantasmagórica, lunar,
se ve surgiendo del fondo
del barranco, sobre rocas
de plata y peltre.
El espesor de la pared
da al hueco de la ventana
visión de calidoscopio.
      Macizo, el torreón azul
      la espiral de peñascos
      remata. Frágil, lejano
      el puente cabalga el Júcar.

Alarcón Castle at Dawn

Illusive lunar image
of the castle of Alarcón
rises from the canyon's depth
on silver and pewter cliffs.
The window embedded
in the massive wall
offers a kaleidoscopic vision.
    Massive, the blue tower
      is a finial on rocky spiral.
Fragile, farther away,
a bridge straddles the Júcar.

Hacia los picos de Urbión

Matas recias, gallardas, de brezales
en flor violeta, rosada, blanca,
manadas de caballos de crines
largas, sedosas y potros de gráciles
patas, lo equino en lo más tierno,
reavivan claros del pinar.

Con ellos quiero sentir el pinar
hecho tiempo y espacio, en primavera.
Rebaños de ovejas tumbadas contra
las rocas, confundidas con ellas,
sugieren escenas de belenes.

Pinos retorcidos se ven al trepar,
entre los pétreos monstruos,
todo arrugas y dobleces cósmicas.
Rendijas y comisuras ocultan
las últimas nieves, nieves, del Duero
nacimiento. Siempre que haya nieves
seguirá naciendo el Duero.

On the Way to Urbion

Vigorous heath, dense
with violet, pink, white blooms,
herds of horses with long silken manes,
slender-legged colts, equine
essence in its most tender age,
revive the pine-grove glades.

With them I want to feel
time and space-made pine grove,
in spring. Flocks of sheep resting
against the boulders,
mingle with them, crèche like.

Twisted pine trees
appear as one climbs in the midst
of granite monsters full of cosmic
rucks and folds, crevices,
clefts hiding the last snows,
snows, source of the Duero.
The Duero will have life
while snows last.

Insomnio

I

El insomnio me ha dejado
la puerta del sueño apenas
entornada, para entrever
airosas ánforas de claro
verdiazul celadón vidriadas,
desapareciendo en los breves
ámbitos oníricos.

Insomnia

I

*Insomnia has set ajar
the door to let in
just a few dream images:
svelte amphorae glazed
in pale azure- green celadon,
vanishing in the short
oneiric ambiance.*

II

Las imágenes del sueño fragmentado
se desintegran en el insomnio:
ni escalinatas, ni jardines,
ni menos transformaciones,
tan sólo el martilleo
sordo del insomnio.

II

*The images of fragmented sleep
disintegrate in the insomnia;
neither stairways, nor gardens,
or even less transformations;
only the dull hammering of insomnia.*

Jarras de plata

Jarras primorosas de plata
de apagado brillo, de airosa
asa, jarras llenas de primor,
rebosantes de inutilidad,
ni vertían, ni se llenaban.
Llenas estaban de cemento,
de cemento y caparrosa azul.

Pertinaces reminiscencias
de antiguos disgustos afloran
desde el fondo de oníricas jarras.

Cementadas en el olvido
las creemos, bien encerradas
en esas jarras primorosas,
llenas de cemento y caparrosa.

Silver Jugs

Elegant silver jugs
of spent sheen
with graceful handles,
jugs full of beauty
overflowing with uselessness,
neither pouring, nor getting full;
full they were of cement,
of cement and blue vitriol.

Persistent remembrances
of old resentments crop up
from the bottom of oneiric jugs.

We think the memories
are cemented in oblivion,
sealed in those elegant jugs,
full of cement and blue vitriol.

Medallones

En los retazos de sueño
dejados por el insomnio,
cascadas de medallones
de plata revelaban
la reiterada efigie
movida por emociones
truculentas, arrogantes,
en la cara mofletuda
de un gentilhombre cuya única
gentileza era la mano
del orfebre. Sobre todo
en las líneas sutilísimas
del grabado de la pluma
en el sombrero, lucía
del artífice la finura,
grabada en los retazo
del sueño.

Medallions

In the interstices of sleep
left by insomnia, a cascade
of silver medallions showed
reiterated effigies
revealing truculence and arrogance
on the podgy face of a gentleman
whose only gentleness
was the silver smith's
hand. Above all in hair-fine
lines incised on the hat's
plume, shone the finesse
of the artisan in the dream.

Girasoles cimbreantes

entre espacios reducidos
del insomnio, ocre profusión,
gualda, amarilla, citrina,
girasoles cimbreaban
hacia el claror del día.

Swaying sunflowers

in between narrow
spaces of sleep in the insomnia
ochre profusion, golden,
yellow, citrine sunflowers
swaying toward daylight.

Mercado vacío

Estaba vacío el mercado
inundado de luz matinal.
Estaban vacíos los puestos,
mas en una cesta lucían
doradas naranjas, membrillos,
níspolas y persicarias que antes,
mucho antes de la genética
pastelería, compré.
Al levantar la cesta noté
en el fondo una figura negra.

Forsaken Market

Flooded with morning light
was the market, empty the stalls
but in a basket shone golden oranges,
quince, medlars and persimmons
bought long, long ago, before
the genetic fooling around.
As the basket I was lifting
my eyes caught a black figure
in the background.

Puerta cerrada

Tantas veces había subido esa escalera
    asiéndome a la baranda,
    doblando los peldaños.
Tantas veces me vi subirla
    en el sueño.
    El último tramo de esa escalera
    era de palo, no de mármol
como los demás. La puerta a la que llamaba
    no estaba barnizada
    como las demás,
sino pintada de verde. No tenía aldaba
    de bronce en forma de manita:
    con los nudillos
llamaba a esa puerta que siempre
    se abría acogedora.
    Ya no hay quien la abra, ni siquiera
    en sueños.

Closed Door

Time and again had I run up those stairs
        grabbing the railing,
        doubling the steps.
Time and again I saw myself
        running up those stairs,
        in my dream.
The last flight of that staircase
        was made of wood, not of marble
        like the lower ones.
The door at which I called
        was painted green,
        not varnished like the others.
There was no little-hand bronze knocker;
        with my knuckles
        I called at that door
that was always welcomingly
        opened for me.
        There is nobody to open it anymore,
        not even in dreams.

Indice
Index

II
Amores fantasmales
Ghostly Loves

III

Encuentros, desapariciones, peregrinajes y visiones
Encounters, Disappearances, Pilgrimages and Visions

IV
Ubicua sílice,
Ubiquitous Silica

V
Meandros de la memoria
Memory's Meanders

ISBN 142517734-4